AF324412

LE MAÎTRE D'ÉCOLE,

OPERA-COMIQUE

MESLÉ D'ARIETTES,

PARODIE

DU MAÎTRE EN DROIT;

Représenté pour la premiere fois sur le Théâtre de l'Opera-Comique à la Foire Saint-Germain, le Vendredi 14 Mars 1760.

Le prix est de 24 sols, avec la Musique.

A PARIS,

Chez N. B. DUCHESNE, Libraire, rue S. Jacques,
au-dessous de la Fontaine S. Benoît,
au Temple du Goût.

M. DCC. LX.

Avec Approbation & Privilége du Roi.

ACTEURS.

LE MAITRE D'ÉCOLE, } Fiancés. { M. Au-
Dame MARTHE, *Maîtresse*   dinot.
d'École,   Mlle. Des-
                                 champs.

COLIN, *Garçon Jardinier,* } Fiancés. { M. La
LISON, *jeune Jardiniere,*   Ruette.
                                     Mlle.
                                     Nessel.

TROUPE D'ÉCOLIERS.

LE
MAÎTRE D'ÉCOLE,
OPERA-COMIQUE.

SCENE PREMIERE.

COLIN, LISON.

ARIETTE EN *DUO.*

COLIN.

NOus voilà fiancés.

LISON.

Mais ce n'est pas assez.

COLIN.

Quand tu seras ma femme...

LISON.

Oh ! Dame !
Tu seras mon Mari.

A ij

COLIN.

Oh ! oüi !

LISON.

Mais que faut-il encore ?

COLIN.

Oh ! Dame ! Je l'ignore.

LISON.

Moi, je l'ignore aussi.
Pourtant le Mariage
A quelque chose est bon.

COLIN.

Quand on est en ménage,
Qu'est-ce que l'on fait donc ?

LISON.

Je n'en sçais rien ; & toi ?

COLIN.

Ni moi.

LISON.

Ni moi.

COLIN ET LISON.

Tu n'en sçais rien ? Ni moi.

LISON.

Il faut pourtant le sçavoir.

COLIN.

Vraiment, oüi.

Air : *Du Prévôt des Marchands.*

J'enrage.
LISON.

Et moi , j'enrage auſſi ;
Cela me donne du ſouci.
Cher Colin , j'y penſe & j'y rêve ,
Nuit & jour , ſans ſçavoir pourquoi.

COLIN.

Ma Liſon , nuit & jour j'endêve ,
Et j'y rêve tout comme toi.

Air : *Comment faire ?*

Cherchons qui nous en inſtruira.
LISON.

Fort bien ! Mais qu'eſt-ce qui voudra
Nous mettre au fait de cette affaire ?
COLIN.

L'un tout net nous refuſera.
LISON.

L'autre de nous ſe moquera.
TOUS DEUX.

Cmment faire ?
LISON.

N'importe : cherche de ton côté , je vais
chercher du mien.

A iij

COLIN.

C'eſt bien dit : cherchons.

LISON.

Adieu, Colin.

COLIN.

Adieu, Liſon .... Ecoute donc.

LISON.

Quoi ?

COLIN.

Je t'aime bien, dà.

LISON.

Je t'aime bien auſſi, oui !

COLIN.

Oh ! dame, c'eſt que .... je voudrois
bien .... Adieu, Liſon.

LISON *ſort.*

Adieu, Colin.

SCENE II.

LE MAISTRE D'ÉCOLE, COLIN
à l'écart, rêvant.

LE MAISTRE D'ÉCOLE.

Air : Dans le fond d'une Ecurie.

Dame Marthe me chagrine,
Elle me fait enrager ;
Mais pour m'en dédommager,
Je m'amuse à la sourdine.
J'aime, je chante, je boi : |
Le Plaisir est fait pour moi.

COLIN, *sans voir le Maître d'Ecole.*

J'ai beau rêver, je ne trouve rien.

LE MAISTRE D'ÉCOLE.

Depuis que je me suis avisé de me fiancer avec cette veuve acariâtre , elle prend un ton d'autorité , & veut me gêner en tout. Oh ! oh ! J'aime à me divertir, moi !

COLIN *à part.*

Cela est inutile ; je n'y comprends rien.

A iv

LE MAISTRE D'ÉCOLE.

Je ne l'épouſe que par convenance, &
pour rendre mon Ecole plus nombreuſe ;
car, pour l'aimer, ma foi, je m'en diſ-
penſe. A mon âge, il vaut mieux rire,
que d'être amoureux.

ARIETTE : notée n°. 1.

On dit qu'Amour n'eſt pas un jeu ;
Mais Palſambleu !
Tant pis pour ceux qui s'en font une affaire.
Près d'une Bergere,
Le plus court
En Amour,
Eſt de papillonner,
De folâtrer, de badiner ;
Pour moi, c'eſt ma maniere.
Nargue des Amoureux
Plaintifs & langoureux !
C'eſt qu'ils ne ſçavent pas,
Ah ! ah ! ah !
Où gît le cas.

Eh ! vive la joye ! Je ſuis aſſez grave
dans mon Ecole.

COLIN.

Voici notre Maître. J'ai bien envie….

LE MAISTRE D'ÉCOLE.

Qui va là ?

COLIN.

Votre ferviteur, Monfieur le Magifter.

LE MAISTRE D'ÉCOLE.

Ah ! Te voilà, Colin ? Tu m'as l'air bien penfif !

COLIN.

Pardi ! On le feroit à moins.

LE MAISTRE D'ÉCOLE.

Air : *Je fuis fur le Pont d'Avignon.*
(*à part.*)
Bon ! c'eft un Amoureux, je le vois à fa mine.
(*haut.*)
Dis-moi donc, mon Garçon, qu'eft-ce qui te chagrine ?

COLIN.

Tenez, Monfieur le Magifter, je fuis dans un embarras... bien embarraffant.

LE MAISTRE D'ÉCOLE.

Oh ! oh ! conte-moi tout cela, mon Enfant.

COLIN.

Mais, c'eft que je n'ofe.

LE MAISTRE D'ÉCOLE.

Vas, ne crains rien : dis-moi ...

COLIN.

Air : *Je ne sçais pas écrire.*

Tenez ; puisqu'il faut dégoiser,
Avec vous, je m'en vas jaser :
  Voici tout le mystere.
Mon Mariage est pour demain ;
Mais j'en ignore tout le fin ;
  Je ne sçais comment faire.

LE MAISTRE D'ÉCOLE.

Ah ! ah ! ah ! ah !

COLIN.

Eh ! bien, ne voilà-t-il pas que vous allez vous moquer de moi ?

LE MAISTRE D'ÉCOLE.

Eh ! non, mon Ami : je ris de ton embarras. C'est la plus petite chose du monde.

COLIN.

Oui ?

LE MAISTRE D'ÉCOLE.

Sans doute. Eh ! dis-moi un peu : quelle est ta Fiancée ?

COLIN, *en riant.*

Oh ! dame ! c'est Lison.

LE MAISTRE D'ÉCOLE.

Lison ! (*à part.*) Elle est ma foi gentille.

Air : *Du haut en bas.*

Tout comme toi,
Lison , est-elle une ignorante ,
Tout comme toi ?

COLIN.

Elle n'en sçait pas plus que moi.

LE MAISTRE D'ÉCOLE , *à part.*

Bon ! la découverte est charmante !
Je pourrai la rendre sçavante ,
Tout comme moi.

COLIN.

Que dites-vous là ?

LE MAISTRE D'ÉCOLE.

Rien : c'est que je cherche à t'instruire.

COLIN.

Tout de bon !

LE MAISTRE D'ÉCOLE , *à part.*

Ceci change la Thèse. Tâchons de le dégoûter du Mariage , peut-être que cela me donnera le tems.... mais.... oui dà !

COLIN.

Plaît-il ?

LE MAISTRE D'ÉCOLE.

Ecoute-bien : (*à part.*) Lison vaut bien une Leçon.

COLIN.

J'écoute.

ARIETTE.

DUO.

LE Me. D'ÉCOLE.	COLIN.
Le Mariage, mon Enfant,	On dit qu'il est charmant ;
Est très-charmant,	Charmant,
Charmant.	Charmant.
Il faut être à l'ouvrage, dès le matin ;	
Il faut être à l'ouvrage, dès le matin ;	Hein ?
Sans relâche,	Quel chien de train !
A l'attache,	
Comme un Forçat,	Ah ! quel état !
Travailler,	
Et veiller,	
Bêcher,	Bêcher !
Piocher,	Piocher !
	Mais, mais, c'est un tourment.
Oui, l'Hymen est charmant.	Charmant !
	Non, non ; c'est une peine,
Mais cette peine,	C'est une gêne ;
Mais cette gêne,	
Lorsque l'on s'aime bien,	C'est un métier de chien.
Ne coûte rien.	

COLIN.

Pardi ! Vous me disiez que cela étoit si aisé !

LE MAISTRE D'ÉCOLE.

Je te le dis encore, rien ne coûte quand on aime.

COLIN.

Oui-dà !

LE MAISTRE D'ÉCOLE.

Mais il faut t'exercer : vas , mon Ami, vas eſſayer ſi tu pourras ſoutenir cette fatigue.

COLIN.

Il faut donc faire beaucoup d'ouvrage ?

LE MAISTRE D'ÉCOLE.

Oui , beaucoup, ſi tu veux être content.

COLIN.

Je n'y comprends rien. ... Allons , qu'à cela ne tienne ; je vais dans ce jardin travailler comme quatre.

Il ſort.

SCENE III.

LE MAISTRE D'ÉCOLE *ſeul.*

LE pauvre ſot ! Comme il mord à l'hameçon. Ah ! ah ! ah ! ah !

✳

SCENE IV.

LE MAISTRE D'ÉCOLE, LISON.

Colin travaille dans le fond du Jardin.

LISON, *sans voir le Maître d'École.*

QUE je suis malheureuse ! Tout le monde se moque de moi, & personne ne veut me tirer de peine.

LE MAISTRE D'ÉCOLE.

Bon ! Voici Lison.

LISON.

Mais, qu'est-ce que c'est donc que ce Mariage ? J'ai été à des Nôces ; chacun étoit joyeux : il n'y a que nous qui soyons dans le chagin.

LE MAISTRE D'ÉCOLE.

Elle est charmante ; son innocence augmente encore ses charmes.

LISON.

Voici le Magister ; si je lui parlois.....
Mais je suis trop honteuse,

LE MAISTRE D'ÉCOLE.

Approchez, la belle Enfant : je connois votre embarras, & je veux vous en tirer.

LISON.

Pardon, Monsieur ; je suis toute trem-
blante.

LE MAISTRE D'ÉCOLE.

Approchez, approchez.

LISON.

Air : *Suivons l'Amour.*

Quoi donc ! Monsieur, vous pourriez me dire ?....

LE MAISTRE D'ÉCOLE.

Oui, mon Bijou ; calmez cet effroi.
Dès aujourd'hui, je veux vous instruire :
Vous en sçaurez autant, & plus que moi.

LISON.

Ah ! que je vous aurai d'obligation !

LE MAISTRE D'ÉCOLE.

Je le crois. (*à part.*) L'appétissant mor-
ceau !

ARIETTE.

DUO.

LE Me. D'ÉCOLE.	LISON.
Pour Fillette	
Jeunette,	
Comme vous gentillette,	Vous avez bien de la bonté.
Oui, c'est la vérité,	
L'Hymen,	Eh ! bien ?
L'Hymen,	Eh ! bien ?
Est un charmant lien.	Oh ! je m'en doutois bien.
Ce font des careffes,	
Des tendreffes,	
Complaifances,	
Prévenances,	
De la part d'un Epoux :	Rien n'eft fi doux.
S'il travaille, c'eft pour vous ;	Rien n'eft fi doux.
S'il fe repofe, c'eft pour vous.	Rien n'eft fi doux.
Oui, le ménage,	
A votre âge,	
Comble les defirs :	
C'eft le rendez-vous des plai- [firs.	Ah ! quels plaifirs !
Comment trouvez-vous ce ta- bleau ?	Fort beau.
Ah ! Je penfe bien que cela Vous plaira.	Oui-dà !
Oui-dà ! oui-dà !	Que n'y fuis-je déjà !
Elle y voudroit être déjà.	Que n'y fuis-je déjà ?

LE MAISTRE D'ÉCOLE.

L'heureufe difpofition ! J'aurois encore quelque chofe à vous dire ; mais je ne puis à préfent.

LISON.

LISON.

Dites-moi donc. Je brûle de tout sçavoir.

LE MAISTRE D'ÉCOLE.

Fort bien ! Fort bien !

Air : *Petits Moutons.*

L'Hymen est un peu difficile ;
Il étonne au premier abord :
Mais quand une Epouse est docile ,
Elle s'y fait sans trop d'effort.

Et voilà ce que je me reserve à vous
apprendre ce soir chez moi , où vous vous
trouverez sur la brune.

LISON.

Je n'y manquerai pas.

LE MAISTRE D'ÉCOLE.

Je vous attendrai , ma Petite , dans mon
école. Entendez-vous ?

LISON.

Oui , Monsieur.

LE MAISTRE D'ÉCOLE, *en sortant.*

A ce soir, mon petit cœur, à ce soir.

B

SCENE V.
LISON, COLIN.

ARIETTE.

DUO dialogué.

LISON.

JE puis me marier !
Ah ! que je suis ravie !
  Je chanterai,
  Je danserai.

COLIN, *à part.*

Quoi ! toujours travailler !
Quelle chienne de vie !
Quoi ! toujours travailler,
  Je suis brisé,
  Tout fracassé !
  L'apprentissage
  Du mariage
M'a déjà mis sur le grabat.
Hélas ! quel triste état !

LISON, *appercevant Colin.*

  Colin ?

COLIN.

Hé bien.

LISON.

Quoi ! te voilà !

COLIN.

Oui, je suis là.

LISON.

Es-tu malade ?

COLIN.

Non, je n'ai rien.

LISON, *à part.*

Qu'il est mauſſade !

(Haut.) As-tu quelque chagrin ?

COLIN.

Je te dis, je n'ai rien.

LISON.

Pour demain la nôce s'apprête.

COLIN, *à part.*

Demain ! je ne ſuis pas ſi bête.

LISON.

Mon petit mari tu ſeras.

COLIN.

Non, non, non, je ſuis trop las.

ENSEMBLE.

LISON. { Tu me careſſeras.
{ M'embraſſeras.

COLIN. Non, non, non, non, je ſuis trop las.

LISON.

De quelle humeur es-tu donc ?

COLIN.

Laiſſez-moi tranquille.

LISON.

Cela eſt fort joli, de me bouder comme ça !

COLIN, *en colere.*

Oh ! Dame ! Si le Mariage vous rend ſi
aiſe, il me fatigue moi.

LISON.

Que veux-tu dire avec ta fatigue ? Eſt-
ce que tu ne ſçais pas ?...

COLIN.

Oh ! Je ſçais bien que j'y renoncé, ſi
cela continue. B ij

LISON.

Eh ! bien, tant pis pour vous, là !

Air : *Les cœurs se donnent troc pour troc.*
Allez, je m'en consolerai,
A présent j'en connois l'usage.
Plus d'un Mari je trouverai,
Qui ne plaindra pas tant l'ouvrage.

COLIN.

A la bonne heure.

LISON.

Sans doute.

SCENE VI.

Dame MARTHE, LISON, COLIN.

Trio dialogué.

Dame MARTHE.

LISON.		COLIN.
	Qu'avez - vous , mes Enfans ?	
C'est lui	Vous n'êtes pas contens.	C'est elle....
	D'où vient cette querelle ?	
C'est lui . . .	Que fait-il ? Que dit-elle ?	C'est elle.
Qui me fait endéver.		Qui me fait endéver.
Il veut rompre sa chaîne		Elle veut que je prenne
Il me fait endéver.		Une chaîne ,
		Qui me fera crever.
	Quand l'Amour vous enchaîne,	
	Convient-il de bouder?	
	Il faut mieux s'accorder.	

LISON, *pleurant.*

Il ne veut plus de moi.

COLIN.

Si fait, j'en veux bien ; mais je ne veux
pas me marier.

Dame MARTHE.

Mais, tu ne peux pas l'avoir fans cela.

COLIN.

Voyez, Madame.

Air : *Ici font venus en perfonne.*
Depuis deux heures je travaille ;
Et fi je ne fais rien qui vaille ;
Je fuis las de me tourmenter :
Le Magifter dit qu'en ménage
Il faut toujours être à l'ouvrage,
Comment pouvoir y réfifter ?

LISON.

Bon, bon ! que vient-il nous conter ?
Il m'a dit à moi le contraire.

Dame MARTHE.

J'entrevois ici du myftere.

COLIN.

Il dira tout ce qu'il voudra,
Bien fin qui m'y rattrapera.

LISON.

Tenez, Madame, le Magifter m'a dit
que le Mariage n'étoit que *Complaifances,*
Careffes, Tendreffes, & mille autres jolies
chofes, & tout cela ne fatigue pas ?

Dame MARTHE.

Le Maître d'École t'a dit tout cela ?
(*à part.*) Je fuis au fait.

LISON.

Il m'a promis de m'apprendre bien d'autres choſes, ce ſoir, chez lui.

Dame MARTHE.

(*à part.*)

Fort bien, Monſieur mon Prétendu !
Toujours de nouvelles folies ! Ah ! Je ſçau-
rai vous en faire repentir. (*haut.*) Il vous
a donc dit de l'aller trouver ce ſoir dans
ſon Ecole ?

LISON.

Oui, vraiment, Madame ; c'eſt un brave
homme, au moins, de ſe donner tant de
peine.   Dame MARTHE.

(*à part.*)

Le pendard ! (*haut.*) Aſſurement. Ne
manquez pas d'y venir.

Air : *Non, je ne ferai pas.*

Mais dans mon cabinet ayez ſoin de m'attendre :
Je vous irai trouver quand il faudra deſcendre ;
J'ai de bonnes raiſons, pour en agir ainſi,
Entendez-vous, Liſon ?

LISON.

Madame, grand-merci.

Dame MARTHE.

Allez, & ſur-tout n'oubliez pas d'y être
de bonne heure.

Liſon ſort.

SCENE VII.

Dame MARTHE, COLIN.

Dame MARTHE.

ALLONS, allons, gai, mon ami Colin. Ne vois-tu pas que le Maître d'École a voulu se moquer de toi ?

COLIN.

Croyez-vous ?

Dame MARTHE.

Vraiment, oui.

COLIN.

Le méchant !

Dame MARTHE.

Le Mariage n'est pas si fatiguant, qu'il a voulu te le faire croire.

COLIN *riant.*

Oh ! tant mieux !

Dame MARTHE.

C'est au contraire la source de tous les plaisirs.

COLIN.

Voyez, voyez ! Mais comment cela ?
Je ne sçais pas, moi....

Dame MARTHE.

Je vais te l'expliquer par une compa-
raison.

ARIETTE : notée N°. 2.

Dans nos Champs,
On voit au Printemps,
La Tourterelle,
De son Epoux fidéle,
Se rapprocher,
Le rechercher.
Leurs cœurs s'attendriffent,
Tendrement ils gémiffent ;
Et le Plaifir,
Vient les unir.

Ainfi, près de fa Femme,
Un Mari plein de flamme,
Cherche le vrai bien ;
Et fa tendreffe
Refferre, fans ceffe,
Ce doux lien.

COLIN.

Ah ! Que cela eft joli ! Mais quel eft ce
bien ? J'aurai beau chercher....

Dame MARTHE.

(à part.)
Le lot m'embarraſſe ! *(haut.)* Es-tu bien
amoureux ?

COLIN.

Oh ! pour celui-là, oui.

Dame MARTHE.

Eh ! bien, tu le trouveras, je t'en ré-
ponds.

COLIN.

Et Liſon auſſi ?

Dame MARTHE.

Oh ! pour elle, elle n'aura pas beſoin
de le chercher. Tu vois bien que le Mariage n'eſt pas ſi pénible que tu le croyois.

COLIN.

Pardi, non. Que je ſuis aiſe ! Mais à
propos du Magiſter.

Air : *Ne v'là-t-il pas que j'aime !*

Que veut-il apprendre à Liſon,
Ce ſoir dans ſon Ecole ?
Je crains un tour de ſa façon,
Et cela me déſole.

Dame MARTHE.

Même Air.

Va, tu l'allarmes, sans raison ;
J'attrapperai mon Drôle :
Il en sera pour sa façon,
Je t'en donne parole.

Je ne m'explique pas ; mais sois sans in-
quiétude.

Air : Allarmez-vous.

Par le Jardin, à la porte secrette,
Ne manque pas de te rendre sans bruit :
Avec Lison dans la même chambrette,
Tu monteras, si-tôt qu'il fera nuit.

Entends-tu ?

COLIN *sort.*

J'entends, j'entends.

SCENE VIII.

Dame MARTHE *seule.*

ARIETTE notée. N°. 3.

JE tiens enfin
Mon vieux coquin,
Mon libertin,
Dont l'Amour clandestin,

De mes droits, de mon bien,
Veut me faire un larcin,
   Quel trifte rôle !
   Matin & foir,
   Je me défole,
   Dans mon manoir,
   Jamais d'un mot,
   Le vieux Magot,
   Ne me confole :
   Tandis que le Drôle,
   Jufqu'en fon Ecole,
   Attire & cageole,
   Fille qu'il enjolle.
   Le Traître va me voir;
   Le Traître va, ce foir,
   Apprendre fon devoir.

Je lui prépare un tour auquel il ne s'attend pas. L'affront fera fenfible ; mais cela lui apprendra à être fage. La nuit approche ; il eft temps de rentrer au logis, & de prévenir les Acteurs dont j'ai befoin.

SCENE IX.

Le Théâtre change & repréſente l'Ecole.
La Scene ſe paſſe pendant la nuit.

LE Me. D'ECOLE, *ſeul, avec une lumiere poſée*
ſur ſa table.

VOICI l'heure, à peu près, où Liſon
doit ſe rendre ici. Dame Marthe eſt
ſortie ; profitons du moment. Que je vais
m'amuſer ! Jamais je n'aurai donné de leçon avec tant de plaiſir. J'en ſuis tout
tranſporté.

ARIETTE.

L'Amant tranſi ,
Plein de ſouci ,
Languit,
Gémit,
Lorſqu'il attend ,
Un doux moment.
Pour moi , l'eſpérance ,
Nourrit mes deſirs ;
Et me fait d'avance ,
Goûter des plaiſirs.
L'Amant , &c.

Il ne croit jamais , le ſot !
Le voir arriver aſſez tôt ;

Mais quand, sur le retour,
On prend de l'amour,
L'Amant avisé,
Plus fin, plus rusé,
Par l'œconomie
Regle son envie ;
Et bon ménager
D'un bien passager,
Du plaisir de la vie,
Il jouit sans danger.

Voilà comme il faut penser à mon âge.
Mais quelqu'un vient, c'est Lison, assu-
rément. Eteignons la lumiere.

Il souffle la lumiere.

SCENE X.

Dame MARTHE, LE MAISTRE D'ÉCOLE.

*Plusieurs Ecoliers portant une lanterne sour-
de, un bonnet à oreilles d'âne,
& armés de petits martinets.*

ARIETTE.
En Dialogue & en Chœur.

LE MAISTRE D'ÉCOLE.

J'ENTENDS du bruit ici.
Dame MARTHE.
C'est lui, c'est lui, c'est lui.

LE MAISTRE D'ÉCOLE.
Ma Chere, êtes-vous là ?
Dame **MARTHE.**
Oui, Monsieur, me voilà.
LE MAISTRE D'ÉCOLE.
Venez, Petite.
Dame **MARTHE.**
Mon cœur s'irrite.
LE MAISTRE D'ÉCOLE.

Approchez-vous.
Dame **MARTHE** , *à part.*
Crains mon courroux.
LE MAISTRE D'ÉCOLE.

Approchez-vous.

Dame **MARTHE**, *aux Ecoliers.*
Suivez-moi tous.

LE MAISTRE D'ÉCOLE.
Donnez la main.

Dame **MARTHE**, *aux Ecoliers.*
Tenez-le bien.
     On lui lie les bras.
Çà, qu'on le lie.
LE MAISTRE D'ÉCOLE.
Quelle folie !

Vous me bleſſez :
Aſſez , aſſez.

Dame MARTHE.

Serrez plus fort ;
Encor , encor.

LE MAISTRE D'ÉCOLE.

Où ſuis-je ? Où ſuis-je ? Hélas !
Aye ! aye ! aye ! les bras !

Dame MARTHE.

Je te tiens dans mes lacs ;
Tu t'en reſſentiras.

Aux Ecoliers

Mettez-lui cette crête.

On lui met le bonnet à oreilles d'âne , & on lui en cache les yeux.

La coëffure eſt honnête !

LE MAISTRE D'ÉCOLE, *à part.*

Aye ! aye ! aye ! la tête !

Dame MARTHE, *& les Ecoliers , dont l'un a ouvert ſa lanterne pour le faire mieux voir aux autres.*

Ah ! ah ! ah ! la belle tête !

LE MAISTRE D'ÉCOLE.

Aye ! aye ! la tête !

Dame MARTHE.

Ah ! ah ! la belle tête !

LES ÉCOLIERS.

Ah ! ah ! la belle tête !

LE MAISTRE D'ÉCOLE, *criant.*

O voleur ! ô voleur ! on m'aſſaſſine !

SCENE XI & *derniere.*

LISON *avec une grande Lanterne,* COLIN,
Dame MARTHE, LE Me. D'ÉCOLE.

LISON.

COLIN ! Colin ! viens voir tout ce ta-
page.

LE MAISTRE D'ÉCOLE.

Au secours ! à l'aide ! à l'aide !

COLIN ET LISON.

Air : *Ah ! le bel Oiseau !*

Ah ! le bel Oiseau, vraiment !
Ah ! qu'il chante joliment !

LE MAISTRE D'ÉCOLE.

Laissez-moi donc respirer ,
J'étouffe, & je vis à peine.

Dame MARTHE.

Il est temps de l'éclairer.

> *On lui ôte le bonnet qui lui
> cachoit les yeux.*

Il faut jouir de sa peine.

LE

LE MAISTRE D'ÉCOLE.

Ah ! le bel Oiſeau , vraiment !
Et qu'il eſt pris joliment !

Dame MARTHE.

Ah ! ah ! Monſieur le Drôle ! C'eſt donc
ainſi que vous voulez donner des leçons ?

COLIN.

Bon ! ce n'eſt qu'un ignorant.

Dame MARTHE.

Ah ! Je vous apprendrai....

LE MAISTRE D'ÉCOLE.

Je ſuis perdu ! Ma chere Madame Marthe , écoutez-moi.

Dame MARTHE.

Je ne veux rien entendre.

LE MAISTRE D'ÉCOLE.

Mais, écoutez, de grace.

Dame MARTHE.

Oh ! Tu n'en es pas quitte. Allons, allons,
vîte , à genoux !

LE MAISTRE D'ÉCOLE.

Comment ! à genoux.

Les Ecoliers le forcent de ſe mettre à genoux.

C

ARIETTE *en Chœur.*

Dame MARTHE.

Que ma vengeance,
Ici commence.

Aux Ecoliers.

Signalez-vous,
Par de grands coups.
Frappez....

LE MAISTRE D'ÉCOLE.

Qui ? Moi ?

Dame MARTHE.

Oui, toi.

LE MAISTRE D'ÉCOLE.

O Ciel ! Pardon.

Dame MARTHE.

Non, non, non, non.

COLIN ET LISON.

Mocquez-vous de lui.

LE MAISTRE D'ÉCOLE, *pleurant.*

Hi ! hi ! hi ! hi !
Je n'le fr'ai plus.

Dame MARTHE.

Pleurs superflus.

LE MAISTRE D'ÉCOLE.

Pardon, pardon.

Dame MARTHE.

Non, non, non, non.

Les Ecoliers le frappent.

Zon, zon, zon, zon.

Dame MARTHE.
Ah ! ah ! Cela vous arrivera-t-il encore ?

LE MAISTRE D'ÉCOLE.
Où fuir ? Où me cacher ?

LISON.
Fi ! Que j'aurois de honte !

COLIN.
Ah ! Que c'est bien fait.

Les Ecoliers se moquent de lui.
Ah ! ah ! ah ! ah ! ah ! ah !

LISON.
Le Méchant qui vouloit me brouiller avec Colin ! Quand voulez-vous me donner leçon, Monsieur le Magister ?

LISON.
Nous n'avons plus besoin de lui ; nous sçavons à présent ce que c'est que le Mariage.

LE MAISTRE D'ÉCOLE.
Air : *Vraiment, ma Commere, oui.*
Peut-on me traiter ainsi ?

Dame MARTHE.
Vraiment, mon Compere, oui.

LE MAISTRE D'ÉCOLE.
Pour une telle misere.

Dame MARTHE.
Vraiment, mon Compere,
Voire !
Vraiment, mon Compere, oui.

Air : *Toujours va, qui danse.*

Aux Ecoliers.

Enfans, vous allez le mener,
Dans ce brillant équipage :
Je veux le faire promener,
Tout le long du village.
De sa sotise ce sera
La juste récompense.
Ta, la, la, la, la, la, la ;
Il faut bien, qu'il la danse.

Les Ecoliers.

Ta, la, la, la, &c.

LISON.

Il me fait pitié, cependant… Ah ! Ma
chere Madame, grace, grace, en faveur
de notre Mariage.

COLIN.

Aux Ecoliers.

Oui, mes amis, laissez-le ; & allez vous
divertir.

LES ÉCOLIERS.

Grace, grace ; Madame Marthe.

Dame MARTHE.

Qui, moi ? lui pardonner ?

QUATUOR.

Dame MARTHE.	LE Me. D'ÉCOLE.	LISON & COLIN.
Je suis trop en colere.	Appaisez vous, ma [Chere,	Calmez votre colere
Jamais, jamais.	La paix, la paix.	La paix, la paix.
Jamais, jamais.	La paix, la paix.	La paix, la paix.
	(Il se met à genoux.)	
	Oui, desormais,	
	Je vous promets,	
	D'adorer vos attraits.	
Quoi ! desormais,		
Tu me promets		
D'adorer mes attraits ?	Je le promets.	La paix, la paix.
	Je vous le jure,	
Tu me le jures,	Je vous l'assure.	Il vous le jure ;
Tu me l'assures.		Il vous l'assure.
Oui !	Oui, oui,	Oui.
Tu veux la paix ?	La paix, la paix.	
Faisons la paix.	Faisons la paix.	Faites la paix.
	On lui ôte le bonnet à oreilles d'âne.	

DUO.		DUO.
LE Me. D'ÉCOLE, Dame MARTHE.		LISON & COLIN.
Que l'Amour,		Que l'Amour,
En ce jour,		En ce jour,
Par ses faveurs,		Par ses faveurs,
Rallume nos ardeurs.		Couronne nos ar- [deurs.

ENSEMBLE.
Que ses plus doux bienfaits,
De nos cœurs satisfaits,
Cimentent la paix.
(On reprend le premier Chœur.)

La Paix, la Paix.	La Paix, la Paix.	La Paix, la Paix.

APPROBATION.

J'ai lû par Ordre de M. le Lieutenant Général de Police : le Maî-tre d'École, & je crois que l'on peut en permettre la Représentation, ce 7 Mars 1760.   CRÉBILLON.

Vû d'Approbation, permis de représenter & d'imprimer, ce 8 Mars 1760.   DE SARTINE.

Le Privilége & l'Enregistrement se trouvent au Nouveau Théâtre de la Foire.

Nº. 1.

On dit qu'Amour n'eſt pas un
jeu, n'eſt pas un jeu; Mais
palſam-bleu! mais palſam-bleu! Tampis,
pour ceux, pour ceux qui s'en font une affaire. Près d'une Ber-gere, près d'u-
ne Ber-gere, Le plus court En-a-mour, eſt
de papil-lon-ner, De fo-la-trer,

de ba-di- ner ; Pour moi, pour moi, c'est
ma ma- nie- re, Pour moi c'est ma maniere. Nar- gue des a- moureux Plaintifs & langou-reux ! C'est qu'ils ne sçavent
Il rit.
pas, Ah ! ah ! ah ! ah ! Ah ! ah ! ah !
ah ! C'est qu'ils ne sçavent pas Où gît le
cas. C'est qu'ils ne sçavent pas Où gît le cas.

Nº. 2.
DAns nos champs, On voit au printems,
La Tourte- relle, De son E- poux fi-
del- le, Se rappro-cher, Le re- chercher. Ten-dre-ment ils ge- mis- sent,
Leurs cœurs s'at-ten-dris- sent, Et le plaisir Vient les u- nir, Et le plaisir,
le plaisir Vient les u- nir, Et le plaisir,

le plaisir Vient les u- nir, vient les u-
nir. Ainsi, près de sa fem- me,
Un ma- ri plein de flamme, Cherche
le vrai bien, Et sa ten- dresse, Re-
serre sans ces- se, Ce doux li- en ; Re-
sere sans ces- se, Ce doux li- en,
Ce doux li- en.

No. 3.
JE tiens en- fin, Mon vieux co- quin,
Mon li- ber- tin, Mon li- ber-
tin, Dont l'a- mour clandes- tin, De mes
droits, de mon bien, Veut me faire un larcin, Veut me faire un lar- cin, Veut me faire un larcin, Veut me fai- re un lar- cin, Veut me faire un lar- cin.

Quel tris- te

ro- le / Ma- tin & foir, Je me dé-
fo- le, Je me dé- fo- le, Dans mon manoir. Jamais d'un mot Le vieux Magot, Ne
me con- fo- le. Tan- dis que le
dro- le, Jufqu'en fon é- cole At- tire, & ca-
jole, Fille qu'il en-jolle, At- tire & ca- jole, Fille Qu'il en- jol-le. Le traitre, va ce

soir, Le traitre va ce soir, Apprendre
son de-voir, Apprendre son de-voir.
N°. 4.
14. Allegretto è Staccato.
L'Amant tran-si,
Plein de fou-ci, Plein de fou-ci, Languit, Ge-
mit, Lorsqu'il at-tend un doux moment, Un
doux moment, Lorf-qu'il at-tend un

doux mo- ment. Languit, Ge- mit, Lorfqu'il at-
tend Un doux mo- ment, Languit, Ge- mit, Lorf-
qu'il at- tend Un doux mo- ment. VIOLON.
ANDANTINO.
Pour
moi l'efpe- ran- ce, Nour- rit mes de- firs,
Et me fait, me fait d'a- vance, me fait d'a-
vance, Gou- ter des plai- firs. Oui pour

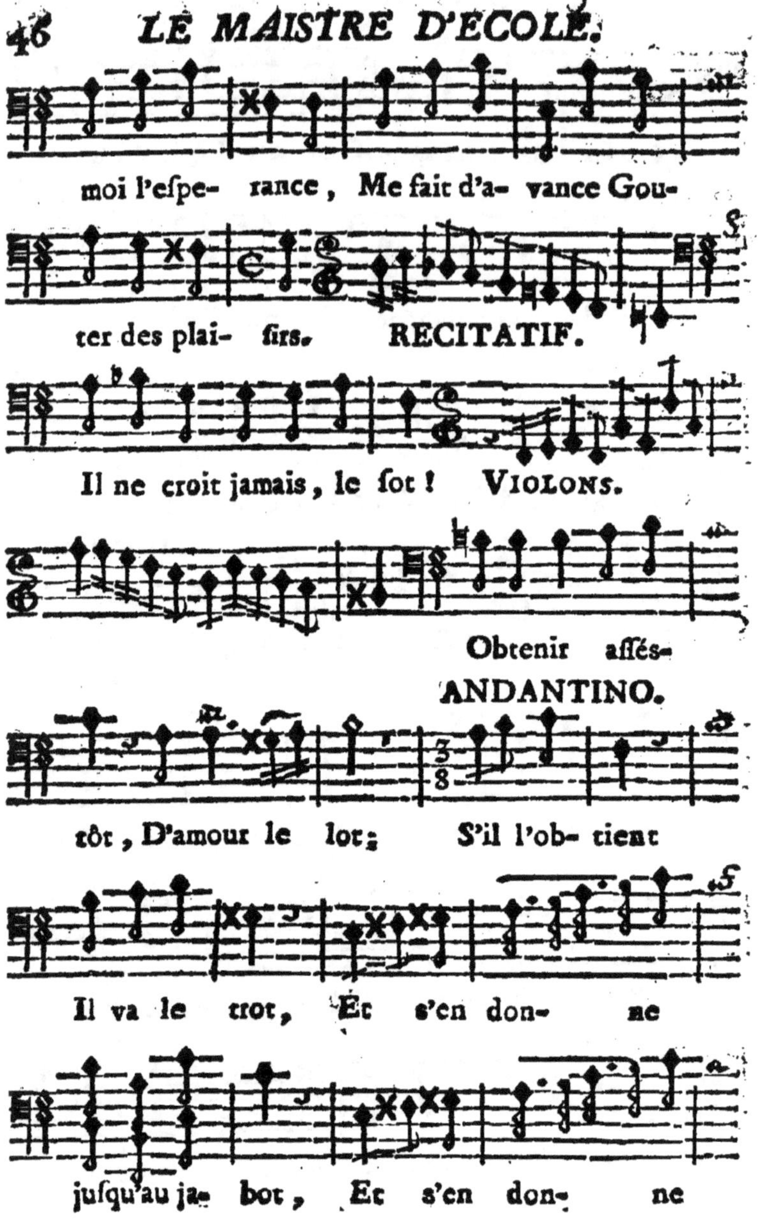
moi l'espe- rance, Me fait d'a- vance Gou-
ter des plai- firs. RECITATIF.
Il ne croit jamais, le fot ! VIOLONS.
Obtenir affés-
ANDANTINO.
tôt, D'amour le lot; S'il l'ob- tient
Il va le trot, Et s'en don- ne
jufqu'au ja- bot, Et s'en don- ne

jufqu'au ja- bot, Mais fur le re- tour,
Quand il fuit l'Amour L'A- mant a- vi- fé, Plus
fin, plus ru- fé, Par l'œ- co- no- mi- e,
Regle fon en- vi- e; Et bon mé- na- ger, D'un
bien paf-fa- ger, Du plai- fir de la
vi- e, Il jou- it fans dan- ger,
fans dan- ger, fans dan- ger.

Catalogue de Musiques nouvelles relatives aux Pieces de Théâtres & autres.

L'Amusement des Dames , ou Recueil de Menuets, Contre-Danses , Vaudevilles , Rondes de Table , 10 Parties , 12 l.

La Toilette de Vénus dreffée par l'Amour , contenant des Menuets, Contre-Danses , Vaudevilles , 10 Parties , 12 l.

Le Paffe-tems agréable & diverfiffant , Vaudevilles , Rondes de Table , Duo , Brunettes & autres , 10 Parties , 12 l.

Les Defferts des petits Soupers de Madame de ... 10 Parties , 12 l.

L'Année Muficale , contenant un Recueil de jolis Airs , Parodies , en 20 Parties , formant 2 vol. in-8°. 24 l.

Les mille & une Bagatelles en 28 Parties , 33 l. 12 f.

Les Thémircïdes , ou Recueil d'Airs à Thémire , 3 Parties , par M. l'Abbé de l'Attaignant , 3 l. 12 f.

Amufemens champêtres , ou les Aventures de Cythere , Chanfons nouvelles à danfer , 2 Parties , 2 l. 8 f.

Recueils d'Airs & Menuets , Contre-Danfes , Parodies chantés fur les Théâtres de l'Académie Royale de Mufique , & de l'Opera-Com. 17 Parties , chaque Partie fe vend féparément , 1 l. 4 f.

Recueil de Menuets , Contre Danfes & Vaudevilles chantés aux Comédies Françoife & Italienne , 13 parties. 15 l. 12 f.

Le Troc , Parodie des Troqueurs , avec toute la Mufique , 3 l. 12 f.

Airs choifis des Troqueurs , 1 l. 4 f.

Ariettes du Médecin d'Amour , 2 l. 8 f.

Ariettes de l'Heureux Déguifement , 2 l. 8 f.

La Mufique de la Pipée , 1 l. 10 f.

Ariettes de Blaife le Savetier , 1 l. 4 f.

Ariettes de l'Yvrogne corrigé , 1 l. 4 f.

Le Recueil de Chanfons de Vadé , noté. 1 l. 4 f.

Le Deffert des petits Soupers agréables , on le Poftillon fans chagrin , 1 l. 4 f.

Ariettes de la Bohemienne de la Comédie Italienne , 2 parties. 3 l. 12 f.

Airs choifis de la Bohemienne de l'Opera Comique , 1 l. 4 f.

Ariettes du Chinois , 2 l. 8 f.

La Mufique de la Fille mal gardée , 1 l. 16 f.

Vaudevilles & Ariettes des Indes danfantes , 1 l. 4 f.

Vaudevilles & Ariettes de Raton & Rofette , 1 l. 10 f.

Vaudevilles d'Omphale , & de Baftien & Baftienne , 1 l. 4 f.

Ariettes de Ninette à la Cour , 4 parties. 6 l. 18 f.

Mufique de la Soirée des Boulevards , 1 l. 4 f.

Vaudevilles & Ariettes du Ballet des Savoyards , 1 l. 4 f.

La Folie du jour , ou les Portraits à la Mode , Vaudeville & Contre-Danfe , 12 f.

Mufique des Airs d'Acajou , 2 l. 8 f.

Mufique des Nymphes de Diane , 2 l. 8 f.

Mufique de Cythere affiegé , 1 l. 16 f.

Menuets nouveaux en Concerto , Contre-Danfes , 4 parties, 4 l. 16 f.

Les Loix de l'Amour , ou Recueil de différents Airs , 3 parties. 3 l. 12 f.

Amufemens en Duo pour les Vielles , Mufettes , Haut-bois , Violons , Flutes , en 6 parties , 7 l. 4 f.

Cantatille nouvelle des Talens à la mode , de M. de Boiffi. 1 l. 4 f.

Choix de différents morceaux de Mufique , 2 parties. 2 l. 8 f.

L'Yvrogne corrigé en partition , in fol. 9 liv.

Le volume fe vend 12 livres , & le cahier 24 fols féparément.